AF143926

Ah, qu'il est beau ce mur !

Ah, qu'il est beau ce mur !

Claude Lelong

Mentions légales

© 2021 Claude LELONG

Édition : BoD - Books on Demand,

12/14 rond-point des Champs-Élysées, 75008 Paris

Impression : BoD - Books on Demand, Norderstedt,
Allemagne

Illustration :

Peter, Leibing (1961). « *Hans Conrad Schumann, soldat de la RDA passe en RFA juste avant la construction du mur de Berlin en août 1961.*» [photographie], dans https://art21.fr/la-photo-berlinoise-emblematique/

Jean–Jacques Sempé (2009). « L'ORQUESTRA » [dessin], dans http://ferranbardolet.blogspot.com/2009/06/lorquestra-sempe.html

ISBN : 978-2-3223-7741-1

Dépôt légal : mai 2021

Ces quelques pages sont dédiées au peu regretté Kamerad Erich Honecker, à qui nous devons la construction de ce magnifique mur de Berlin, digne d'un mur Trumpiste.

Préface

Ce « Fait » est, après celui de ma naissance, incontestablement le plus important des faits, mais je ne lui prête aucune attention, ne lui permets même pas d'atteindre le statut « Vague souvenir », il tombe mort-né dans l'oubli le plus profond.

C'est quand je me serai fourré dans un sale pétrin, que ce « Fait » sortira bien vivant, à jamais fidèle, de son oubliette, et me poursuivra partout et toujours.

Livre I

Chapitre 1

Venons-en au « Fait ».

Nous sommes en l'an 1947, j'ai 10 ans ; nous sommes, mes parents et moi, chez une vague cousine, elle habite Amiens, dans un de ces petits pavillons destinés aux familles de mineurs.

Elle tient un objet qu'elle montre à mon père : « Je ne sais pas quoi en faire, je vais le jeter à la poubelle. »

Long silence.

Mon père : « … un violon ? »

Long silence

« Enfin, donne-le à Claude (c'est moi), on verra bien. »

Dès le début, je ne le vois pas d'un bon œil, moi, ce violon !

Mon père est têtu, vite, il me trouve une dame, soi-disant professeur de violon : elle donne, tous les mercredis soir, des cours dans une école primaire proche de chez nous ; argument décisif, les cours sont gratuits.

Peu enthousiaste, mais obéissant, j'y vais, à ces cours.

« Il est doué ce petit, jubile la dame. »

Ce « Don » ne m'attire pas, il m'est moins précieux que le temps passé avec mes copains dans le square situé en face de notre immeuble.

Il lui faut seulement quelques mois, à ce professeur, pour m'exhiber dans tous les petits concours organisés par des associations, écoles, entreprises, usines, ateliers de tricotage, dessin, etc.

Premier prix à l'unanimité avec félicitations du jury, le résultat est toujours le même. En outre, ma culotte courte me donne des airs d'enfant prodige.

Bien qu'il m'éloigne de mes copains, je commence à éprouver une certaine sympathie pour cet instrument, il flatte ma vanité.

Je supporte même l'ennuyeux solfège.

Chapitre 2

Mon père travaille à la RATP.

Elle fait bien les choses, la RATP : colonies de vacances, garderies d'enfants et même une ambitieuse école de musique où certains professeurs sont employés comme salariés.

En 1949-50, mon père m'inscrit dans une classe de violon. Je suis tout de suite un objet de convoitise. Je suis dirigé vers un professeur, mauvais dit-on, mais soutenu par le directeur ; l'autre, bon, dit-on, est soutenu par ses collègues ; c'est lui qui me gagne.

Dans cette école, pour la première fois j'entends parler de « Musique », de Beethoven, Bach, Mozart, etc.

Ces noms m'étaient inconnus. N'existait que ce que je jouais.

On évoque aussi des interprètes… Ginette Neveu était célèbre parmi les mélomanes (je n'en faisais pas partie). Elle trouva la mort dans un accident d'avion, en même temps que Marcel Cerdan, très populaire champion du monde de boxe. Ce hasard la rendit, par ricochet, également populaire.

Mon nouveau professeur, M. Colombani, est un monsieur très sérieux, il joue très sérieusement, moi qui ai si peu de goût pour le sérieux, il finit par m'impressionner. Dans cette école, là aussi, je suis confronté à de nombreux concours, d'un niveau plus exigeant : concours SNCF, Poste de Paris, etc. 1er prix à l'unanimité avec félicitations du jury, les résultats restent toujours les mêmes.

La RATP possède un orchestre, un vrai, « un symphonique », constitué d'amateurs : encore un Nouveau Monde pour moi. Honneur suprême !!! Je suis invité à jouer en soliste ! Moi, seul, en culotte courte, debout devant cet orchestre, jouant le solo « la méditation de Thaïs » en concert public.

Qu'ils étaient fiers, mes parents !

Chapitre 3

Nous atteignons l'an 1951, Mr Colombani tient, un beau jour, un étrange discours à mes parents.

« Votre fils est vraiment très doué (on n'en sort pas !), je voudrais, avec votre accord, le présenter à Mme Talluel, elle est professeur au Conservatoire National Supérieur de Musique, notre école d'élite en France, elle est très réputée, elle a enseigné à Ginette Neveu. Elle nous dira sincèrement si Claude peut envisager une carrière de violoniste professionnel. Si c'est le cas, il suivra ses cours, consacrera tout son temps à l'étude du violon et devra abandonner le lycée. »

Voilà une idée bien séduisante !

La vie lycéenne ne me passionnait pas trop, j'étais comme beaucoup d'autres, assez doué, mais distrait.

Je brillais surtout au « babyfoot » : nous nous précipitions, à la fin des cours, vers une brasserie proche du pont Mirabeau et pratiquions ce sport avec enthousiasme.

Cette prochaine rencontre avec cette dame, célèbre professeur de cette violoniste « je ne sais plus qui... », ne me préoccupe en aucun cas.

De toute façon, cette Mme Talluel, elle tombera à genoux devant un tel talent !

Le jour de la présentation, Mr Colombani, papa, et moi sommes devant Mme Talluel : elle habite un beau quartier, l'immeuble est magnifique, son appartement luxueux, c'est donc une personne importante,

Mme Talluel. Je lui joue quelque chose. Oh, surprise ! Elle ne tombe pas à genoux, elle fait la moue ! Son regard se fixe sur mon pantalon 'golf « du Bon Marché, magasin préféré des classes laborieuses.

« Aucun doute », il possède quelques qualités, dit-elle, en s'adressant à Mr Colombani. Elle ajoute : « il a déjà 14 ans (j'aurais dû venir en culotte courte), enfin, on peut essayer ! »

Elle se tourne vers moi : « les deux dimanches prochains, dans la salle Cortot, salle de Concert de l'école Normale de Musique, tu pourras entendre une grande partie de mes élèves, tu y verras le chemin qu'il te reste à parcourir ».

Chapitre 4

Cadences et décadence.

Le premier dimanche est cauchemardesque, violent, il éclaire cruellement la réalité ! Je suis un violoniste médiocre. Les petits (7-8 ans), en culottes courtes, et les petites, en jupons ballets roses et nattes, ça peut encore aller ! Mais les 10~11 ans et plus, très méchamment, ils se foutent de moi, ils me ridiculisent, je ressemble à mon pantalon 'Golf "du Bon Marché.

Le dimanche suivant, j'étais mieux préparé, les 14-15 ans et plus, je les admirais, ils ciblaient déjà la carrière de solistes. Ils me montraient le chemin à parcourir évoqué par Mme Talluel : sans fin.

1951-1952, dans notre appartement 2 pièces, le train-train quotidien s'organise :

Violon : 9 h-10 h 30, 11 h-12 h 30, 14 h-15 h 30, 16 h–17 h 30 : gammes, études, œuvres techniques.

Ensuite : cours d'enseignement général par correspondance une fois par semaine, cours particulier chez Mme Talluel.

Mme Talluel est généreuse, elle connaît notre situation financière, et nous fait un prix : 2000 francs (anciens) par cours. Mon père gagne 50 000 francs par mois. Bien consciencieux, je faisais de mon mieux, dans une certaine mesure je donnais satisfaction.

Mes gammes, études, etc., c'était bien propret, mais nous nous ennuyions à deux. Ces deux dimanches avaient détruit mon élan, mon insouciance : j'étais obnubilé par la fausse note, la panne technique.

Un meuble bibliothèque que mes parents avaient acheté, avec livres en prime, me servait de refuge. Ce meuble était bien rempli, on y trouvait de tout : Perrochon, Barrès, Bazin (pas celui de la Vipère), Vigny, etc.

Il y en avait d'autres qui m'attiraient davantage : Balzac, Zola (il me donnait l'occasion de m'indigner), Flaubert, Stendhal (je rêvais d'être Julien Sorel).

Ces gens-là allégeaient mon confinement, je m'échappais du lugubre de mes gammes et études.

Chapitre 5

De 1952 à 1955, les années se succèdent, les événements se répètent.

Une parenthèse se propose.

En langue allemande, deux termes désignent un Musicien : Musiker et Musikant. Le premier : le musicien professionnel, expert en son métier, utilise son violon ou autre instrument pour gagner sa vie. Le second (Musikant) vit la musique, la respire, la transmet. Le Musiker n'est pas toujours un Musikant et le Musikant pas nécessairement un Musiker.

En ces temps, j'appartiens à la catégorie : Musiker, naturellement sans gagne-pain, mais c'est la voie qui m'est probablement tracée. Fin de la parenthèse.

C'est le magnifique salon de Mme Talluel qui sert de théâtre aux auditions d'élèves. C'est une dame de cour, Mme Talluel, sa cour : les mamans, tantes, protecteurs, etc., rien que du beau monde, bien situé, haut bourgeois.

Là, mes parents n'ont pas place.

Dans ce monde, on m'aime bien, je suis modeste dans mon pantalon 'golf'du Bon Marché, je suis respectueux, je joue très poliment, mon insignifiance souligne les qualités de mes concurrents, je ne présente aucun danger, de plus je suis un point de repère acceptable. Mon travail assidu, régulier, joint à une certaine adresse, porte ses fruits, ma technique est d'un bon niveau, sans virtuosité.

Régulièrement, deux fois l'année, ont lieu des concours périlleux où se mesurent les candidats à l'entrée au conservatoire, les postulants de toutes les classes de violon de tous les professeurs (6 classes). Rapidement un rite s'établit, ma prestation, propre, mais pas exaltante, me pointe à une place approximative du classement : peu en dessous, beaucoup au-dessus.

Les commentaires : « Tu joues bien, mais ça manque de tempérament, c'est dommage ! ». J'aurais bien voulu qu'on me l'explique, à moi, comment l'obtenir, ce tempérament.

Tout n'est pas si noir, je mets quelquefois le nez dehors !

Je deviens membre d'un orchestre de chambre, composé de violonistes, altistes, cellistes qui, tous, comme moi, rêvent d'accéder au conservatoire. Bach, Vivaldi, Mozart me distraient, un instant, des ennuyeuses gammes et études.

Des amitiés naissent ; un violoncelliste, féru de musique de chambre, me fait découvrir un sextuor à cordes de Brahms, un quintette de Schubert, des œuvres que nous écoutons et réécoutons.

Un autre copain est lui aussi issu de la corporation « Talluel », discret, solide, doué de la politesse et de l'élégance naturelles du 16e arrondissement.

Côté instrument, nous nous ressemblons : même couleur terne, même résignation, cela ne le dérange pas trop, il épousera la fille d'un général de 10 ans son aînée, chose décidée depuis sa naissance.

Il habite un bel appartement, beau 16e. J'y suis souvent invité, je n'habite pas loin : le 15e côté Citroën.

La maman, membre influent de la cour Talluel, encourage cette amitié. Je soupçonne être le copain « alibi », compagnon d'infortune, mes déboires ne sont pas contagieux, au contraire, ils soulignent la solidité d'un avenir bien assuré. Ces calculs lui sont étrangers, il est avec moi d'un naturel dont je ne doute pas.

Et puis j'ai une petite copine, elle est bien au chaud, bien établie dans la classe Talluel, elle recherche ma compagnie, m'attribue quelques qualités, voilà de quoi me revaloriser ! Elle habite chez ses tantes, elles nous observent avec bienveillance.

Chapitre 6

Les copains du quartier se font rares, ils vieillissent, ils grandissent dans un autre rythme que le mien, ils ont tous des copines, des vraies, ils font l'amour, ils baisent dans toutes les positions possibles, disent-ils, elles se pâment, en redemandent, disent-ils, ce sont les détails qui me persuadent qu'ils ne bluffent pas. Je n'ai rien à dire, la honte du puceau, de quoi ai-je l'air ? Il faut que je fasse quelque chose et vite.

La seule solution possible : la putain !

D'abord choisir le quartier le moins cher. Strasbourg-St Denis (de 500 à 1000 francs anciens par passe). Puis, grignoter le fric, discrètement, dans la cagnotte à tabac de mon père. Ensuite, déambuler dans les rues du quartier Strasbourg-St Denis, pour trouver la dame qui me semble idéale : longs cheveux blonds, jambes minces, taille fine.

Étape suivante, acheter des préservatifs (absolument obligatoire). Ça commence à devenir un peu compliqué, les distributeurs automatiques n'existaient pas encore ! Il faudra passer par une pharmacie. La caisse doit être occupée par un monsieur (devant une dame, j'aurais trop honte). Pas de clients dans la boutique, je ne me vois pas clamer « Des préservatifs, s'il vous plaît ! » Je finis par trouver ce qu'il me faut. Déjà après ces épisodes, je suis lessivé, mes jambes sont cotonneuses.

J'accoste ma blonde, nous montons l'escalier, mes jambes cotonneuses sont courtes, et les marches, hautes.

La chambre est minable, tout de suite, à droite, la table où je dois déposer la somme convenue. La blonde m'indique du doigt la direction du lavabo, « Lave-toi ! Pas les mains, idiot ! La queue ! Enfile ton préservatif, magne-toi, je n'ai pas que ça à faire ! »

Les escaliers, le préservatif, etc. c'est trop pour moi.

Je me fais tout petit, mon zizi aussi, nous dévalons l'escalier, mes jambes ne sont plus cotonneuses.

Plus tard, à mes copains : « Je suis allé voir une putain ! » Regards admiratifs. « Elle a tellement joui !!! Elle me l'a fait gratuit ! »

Chapitre 7

L'été 1955, nous passons en famille nos vacances d'été sur la Côte d'Azur. C'est-à-dire nous, nos deux tentes (une grande et ma petite), et le violon. Nous plantons les tentes sur un terrain de camping très fréquenté.

Notre petite Renault a beaucoup souffert pour nous transporter jusque-là.

La pauvre ne survivra pas au voyage retour.

L'instinct vacancier dicte le rythme et l'emploi du temps des campeurs, unanimement, sans concertation, tous ensemble ils se dirigent du camp vers la plage, et plus tard, de la plage au camp.

11 h : plage bains soleil

13 h : repas, sieste

15 h : plage, bains soleil

18 h : retour au camp, apéritif, repas

C'est le matin seulement que je respecte cet emploi du temps.

De 15 h à 18 h, je suis assis dans ma tente avec mon violon, je m'exerce et ne dérange personne.

Ne croyez surtout pas à un sacrifice, beaucoup de bains, ça va, trop de soleil, ça brûle, c'est très désagréable.

Chapitre 8

Les mois d'octobre 1953 et 1954, Mme Talluel me présente aux concours d'entrée. Ces deux concours suffiront à me reconnaître en un certain monsieur Sysiphe. Ce monsieur, si l'on en croit la mythologie grecque, est condamné, éternellement, à pousser un rocher jusqu'au sommet d'une montagne où doit se trouver, il me semble, mon conservatoire, presque parvenu au sommet le rocher tombe, il doit tout recommencer.

Le concours 1955 est crucial, c'est ma dernière chance, j'atteins les 18 ans, l'âge limite des violonistes pour l'entrée au conservatoire.

Cet événement est précédé, en septembre, de l'audition préparatoire de tous les postulants.

Dans le magnifique salon de Mme Tallel, les mamans des aspirants, les amis protecteurs se rassemblent. Je dépare un peu avec mon pantalon « golf du Bon Marché ». Inutile de le dire, mes parents sont absents.

C'est mon tour !

On se prépare à bâiller, à se chuchoter, pour passer le temps, à prévoir les prochaines vacances d'hiver à Saint-Moritz.

Les applaudissements qui succèdent à ma prestation émettent une autre sonorité, pas ceux clairs de l'approbation du travail bien fait, ils sont moins spontanés, plus inquiets, suspicieux.

Les sourires, autrefois bienveillants, se crispent. Mme Talluel se dresse d'un bond : « Bravo, Claude, enfin !

Je n'y croyais plus ! Tu joues maintenant. Je te félicite ! » La gentille petite amie se précipite vers moi, me félicite chaleureusement.

Je n'y comprends rien !

Comment cela est-il possible ?

Qu'ai-je donc fait ?

Moi, ver de terre, je me transforme en papillon ? Je passe du terne au brillant ! Il est vrai, ces derniers temps, les gammes et les études perdaient leur côté rébarbatif, je prenais quelquefois plaisir à m'écouter. Monsieur Sysiphe a-t-il enfin réussi à poser son rocher ?

Chapitre 9

Octobre 1955, j'ai 18 ans, c'est l'âge limite, je dois réussir !

Après cette audition de septembre, je retrouve un peu mon insouciance d'autrefois. J'aborde cette épreuve sans appréhension. L'audition a lieu dans la salle Berlioz (salle des concerts et concours importants). Quelques instants avant mon entrée en jeu, Mme Talluel m'attire dans le coin le plus sombre du couloir côtoyant la salle Berlioz. Je devine une catastrophe, son visage est sombre, menaçant. Elle m'assomme : « Ta mère fait courir le bruit qu'il faut me graisser la patte pour entrer dans ma classe ! » Elle me tourne le dos et disparaît.

Naturellement, j'ai quand même joué, c'est pour ça que j'étais là. Brahms, Bach, Paganini, etc., tout y est passé !

Le peu de clairvoyance qui me restait suffisait.

Claude, c'est foutu.

Chapitre 10

Un peu plus tard, desservi par un crâne complètement vidé, à la maison c'est moi qui assomme ma mère : « Mme Talluel prétend que tu fais courir le bruit qu'il faut lui graisser la patte pour entrer dans sa classe ! » Je ne veux pas l'assommer, mais il faut bien que je lui dise quelque chose. Son imagination ne lui permet pas d'imaginer une telle absurdité ! De ce monde, elle ne connaît personne ! Nous n'avons aucun contact.

Mon père, d'habitude si prompt à l'indignation, ne montre aucune réaction. N'est-ce pas à ce genre d'accidents que s'exposent les « Modestes », lorsqu'ils veulent péter plus haut que leur cul ? D'ailleurs, nous n'avons pas le culot d'exiger des explications.

Quelques semaines plus tard, Mme Talluel m'invite chez elle, je suppose, qu'après réflexion, elle commence à douter de la véracité des paroles attribuées à ma mère. Elle m'invite, moi, pas mes parents ! (On ne s'excuse pas devant n'importe qui).

Pas un mot sur cet incident. Elle est presque maternelle : « Tout n'est pas perdu, il y a une alternative, passe du violon à l'alto, tes dons, tes qualités d'instrumentiste, te permettent, j'en mets ma main au feu, d'envisager une belle carrière d'altiste, l'âge limite pour entrer au conservatoire est fixé à 20 ans, c'est largement suffisant. Un des deux professeurs au conservatoire est un ami, je lui parlerai de toi, chaleureusement ! »

Chapitre 11

L'Alto, contrairement au Violon, se doit d'être présenté.

La forme est identique. Ce qui les sépare ? La longueur du « corpus » (3 à 4 cm de plus), les épaules plus larges, son accord est d'une quinte inférieure à celui du violon.

Cela lui donne une sonorité plus sombre qui se prête mal à la virtuosité et à la brillance du violon. Son répertoire est moins riche. Bien qu'il soit absolument nécessaire à l'orchestre, il attire moins. Les bons Altistes sont donc très convoités.

J'arrive cependant à une époque où les choses évoluent : plusieurs grands compositeurs du 20e siècle

écrivent des œuvres majeures pour cet instrument :
BARTOK, HINDEMITH, WALTON, MARTINU etc.
Ce nouveau répertoire n'est pas moins virtuose que
celui des violonistes.

Mme Talluel m'envoie chez un professeur qui voit
cette » nouvelle mode » d'un œil critique. Mes
cabrioles sportives ne lui sont pas sympathiques, il est
vrai que depuis ce calamiteux concours d'octobre, je
suis retombé dans ma torpeur, je ne produis rien
d'intéressant. Il souligne : « Tu joues du violon sur un
Alto ». Péché capital altistique. Ce qu'il veut entendre :
du sombre, du pesant, du ventru.

La période d'octobre 1955 à octobre 1956 est
relativement paisible, pas d'auditions, pas de « Cour »,

pas de « mamans », pas de regards condescendants. Les cours étaient privés, les postulants ne se croisaient jamais.

Voilà trois ans déjà que je suis fidèle au même orchestre de chambre, simplement je suis passé du violon à l'alto.

Le copain du 16e arrondissement ne donne plus signe de vie. Sa mère décide de son mariage, de ses goûts, de ses amis.

Je suis entaché, j'ai quitté le bateau, je suis devenu inutile. En outre, il a échoué, lui aussi.

Les rapports avec la gentille petite amie évoluent lentement et pudiquement, nos promenades se font main dans la main, nous évitons le regard des tantes, peut-être serait-il moins bienveillant ?

Octobre 1956, le concours d'entrée approche, je ne suis pas très inquiet, mon bagage technique me met à l'abri, j'espère !

Livre II

Chapitre 1

Apprentissage

Concours réussi !

Je pénètre dans le « Sanctuaire », « L'Olympe », « le Panthéon » : le CONSERVATOIRE. Pour mieux me le prouver, je cours m'inscrire afin d'obtenir ma carte d'étudiant.

À la maison, ce n'est pas tout de suite la fête, on ne se libère pas si vite d'une pesanteur devenue si familière… malgré tout, on s'ouvre une bouteille de mousseux. J'étais dorénavant à l'abri de la plaisanterie mi-sérieuse de mon père : « Si tu échoues, tu deviendras poinçonneur de tickets au métro »

Je n'entrai pas dans la classe qui m'était destinée, le professeur devait me considérer comme deuxième choix ! Le professeur qui me recevait n'était en aucun cas « deuxième choix », simplement il avait des places vacantes.

Sa réputation n'était pas moindre, au contraire on le considérait comme étant un grand musicien de chambre.

Le répertoire de musique de chambre est trop vaste, celui de concertiste lui était presque inconnu, il avait adapté sa technique aux besoins du quatuor.

Il n'était pas hostile à cette nouvelle tendance « virtuose », pourvu qu'elle serve la MUSIQUE.

C'est avec sympathie qu'il m'accueillit dans sa classe.

Il semblait satisfait de me recevoir parmi ses élèves.

Que voyait-il en moi ?

Les « ça fait de l'effet ! ça a de la gueule », l'esbroufe, la perfection vide de l'éducation « Talluel », se transformait en caricature.

La famille, qui, au début de mon aventure violonistique, nous avait tourné le dos, revenait vers nous avec des « nous n'avons jamais douté de toi, Claude ! »

Chapitre 2

Dans ce conservatoire vénérable, je me sens léger, vivant, un parmi tant d'autres. L'emploi du temps est chargé : chaque semaine, cours d'alto, cours de solfège, cours de musique de chambre, répétitions avec l'orchestre du conservatoire.

Le vieux monsieur qui nous dirige ne jure que par BEETHOVEN, toutes ses symphonies y passent (finalement, c'est pas mal). Dans cet orchestre se nouent les amitiés.

Ce petit monde se divise en clichés.

Les pianistes se prennent au sérieux.

Les violonistes se pavanent.

Les cuivres sont toujours excités.

Débonnaires sont les violoncellistes.

Discrets et modestes sont les altistes.

Les cours d'alto sont collectifs, toute la classe est rassemblée. Nous jouons les uns devant les autres sans esprit compétitif, notre professeur loue, critique, motive et n'humilie jamais.

Chapitre 3

Dans la « boîte », le niveau est très élevé, la concurrence redoutable, les ambitions, fortes. Nous concevons, la plupart d'entre nous, que c'est ici que notre avenir se décide et se forme : enseignement, musique de chambre, musicien d'orchestre, ou soliste. En cette période d'après-guerre, des théâtres, des ensembles, des orchestres se créent. Les frontières s'ouvrent, il sera facile d'exercer notre profession partout en Europe. La guerre d'Algérie s'intensifie, nous savons qu'elle sera longue et qu'elle nous concernera, nous essayons de ne pas trop y penser.

Je profite au maximum de l'enseignement de mon professeur, je retrouve l'insouciance de la période enfantine « pré-Talluel ». En quelques semaines, je me fais une place parmi les étudiants considérés « brillants ». C'est dans cette atmosphère que nous nous trouvons, nous, ceux qui s'harmonisent : VARTAN, violoniste arménien, jeu élégant, musicien chaleureux ; RAFFI, violoncelliste juif-tchèque, énergie, présence, virtuosité jamais bon marché, etc. Nous occupions nos moments de liberté avec MOZART, BEETHOVEN, et, en ajoutant un pianiste, nous nous faisions plaisir avec BRAHMS, SCHUBERT, etc.

Je consacre le temps qui me reste à ma gentille petite amie. Nous nous éloignons de la bienséance, nous ne sommes plus loin de l'inévitable.

Restera-t-il encore longtemps bienveillant, le regard des tantes ?

Chapitre 4

Le but que nous poursuivons, c'est ce précieux premier Prix.

Quatre années, c'est la durée probable de nos études. Il faut, chaque année, gravir un échelon, échouer signifie renvoi. Chaque concours rassemble l'ensemble des étudiants, qu'ils soient, ou non, en fin d'études. Le programme est le même pour tous, la remise en question est donc toujours possible. L'obtention d'un premier prix dépend du niveau général de l'ensemble des candidats.

Nous sommes en 1957, c'est ma première année, j'ai sauté un échelon, une belle réussite qui présage un séjour assez court et réussi. Par contre, cela me rapproche d'un service militaire qui aura pour cadre l'Algérie, je vois avec inquiétude la guerre s'intensifier, s'installer durablement.

Les associations de concerts Pasdeloup, Colonne, L'amoureux, m'invitent pour quelques remplacements.

Ces orchestres sont constitués de professionnels de l'Opéra, Radio, Philharmonie.

Ce sont mes premiers cachets et approches du monde qui m'est promis. C'est là que l'on apprend le « Métier » : c'est-à-dire, l'art de s'accrocher aux vieux routiniers, se mêler au groupe, se fondre plutôt que regarder les chefs d'orchestre qui, parfois, dérangent. C'est là, également, que je découvre des compositeurs dont j'ignorais même l'existence : BRUCKNER, MAHLER, CHOSTAKOVITCH, STRAVINSKY, etc.

Notre carte d'étudiant est un véritable « sésame ouvre-toi », les théâtres, concerts, expositions, etc., sont presque toujours gratis.

Le meuble-bibliothèque de mes parents avait allégé le poids des gammes et études, et aussi aiguisé mon appétit de littérature. Dans la « boîte », on ne parle pas seulement instrument, musique, filles. Quelques éclairés m'introduisent dans le monde de la littérature contemporaine, je découvre BECKETT, IONESCO, QUENEAU, VIAN, etc.

CÉLINE…

Le choc à la lecture du « Voyage au bout de la nuit » et le choc à l'écoute du « SACRE du printemps » de STRAVINSKY eurent le même effet : deux coups de poing en pleine gueule !

Un camarade m'entraîne à la « cinémathèque », c'est la révélation. Le cinéma devient mon opium ! Il l'est encore. Le cinéma japonais : OZU, KUROZAWA. Le cinéma russe. EISENSTEIN, le cinéma d'Europe centrale, et bien d'autres. Stanley KUBRICK fait scandale, son film, « Les sentiers de la gloire », déshonore l'Armée française ! Il est interdit.

Et mes gammes dans tout cela !?

Ma gentille petite amie et moi franchissons toutes les barrières.

Nos plaisirs ne sont troublés que par l'inquiétude des jours qui précèdent les « règles ».

Notre « nid » : un cinéma qui projette, les après-midis, uniquement des films « d'avant-garde » est alors presque vide ; les loges, au fond d'une longue salle, nous offrent un abri discret.

Quand les lumières s'éteignent et que l'écran s'éclaire, nous nous vouons aux caresses et baisers.

Nous reprenons conscience lorsque sur l'écran apparaissent les mots Fin ou End.

J'en ai raté de beaux films !

Chapitre 5

Les concerts, les théâtres, les films de la cinémathèque et ma vie sentimentale, me laissent, mais c'est tout juste, suffisamment de temps pour mes gammes et études, et pourtant j'attends beaucoup de ce concours de juin 1958.

Ce « j'attends beaucoup » est dépassé, Premier Prix, premier nommé, à l'unanimité ! ce qui est rare, en deuxième année ! Toutes les félicitations et marques de sympathie me plongent dans une torpeur proche de celle du jour « graissage de patte » de Mme Talluel, j'en sors rapidement pour jouir de ce moment tant espéré.

Mes parents, comme toujours, restent discrètement à l'écart. Personne ne les connaît, ils sont seuls dans leur coin, mon amie et ses tantes viennent chaleureusement les féliciter.

Ils finissent par rayonner.

Chapitre 6

Après l'euphorie, une inquiétude grandissante : la guerre en Algérie…

Ce qui m'attend : 28 mois de service militaire, dont la majeure partie en Afrique du Nord. Ma carte d'étudiant ne me protège plus !

La « Boîte » offre une solution, une classe prestigieuse dirigée par un violoniste universellement reconnu : CALVET. Sa classe est uniquement consacrée à la musique de chambre. Conditions : être pianiste ou instrumentiste à cordes, être doté d'un premier prix et passer un concours d'entrée.

Je me prépare hâtivement, mais avec succès. Nous sommes en novembre 1958, me voilà rassuré, encore deux ans de sursis… avec un peu de chance, l'Algérie ne sera plus française.

Durant ces deux ans, M. CALVET fut fréquemment malade et surtout déprimé, après la mort de son cher chien… j'ai trop peu profité de son enseignement. J'ai l'impression d'avoir raté quelque chose, mais j'ai retrouvé ma carte d'étudiant.

J'entre dans un orchestre de chambre qui tourne beaucoup en France et en Europe, nous sommes 12 musiciens à cordes plus un chef d'orchestre complètement inutile, voire, gênant !
Notre pain quotidien : Vivaldi, Bach, Haendel, Mozart, Rossini. Cet ensemble est jeune, il est formé de musiciens qui tous ont brillamment terminé leurs

études au conservatoire. Nous répétons peu, nous nous amusons beaucoup.

L'été 1960 est précurseur de changements radicaux. D'abord, nos fiançailles ! Mon amie et moi, c'était trop visible, nos relations ne permettaient aucun doute. Les familles se rencontrèrent bien poliment, cependant notre impatience semblait les inquiéter. « Vous êtes trop jeunes ! » En juin 1960, ma fiancée obtient son premier prix. En septembre, je devrai rejoindre mon régiment.

Le mariage est fixé pour le mois d'août !

Un beau mariage.

Ma femme, une belle longue robe blanche. Moi, un beau complet bleu sombre (je le porterai plus tard pour mon second mariage). Une belle cérémonie dans une belle propriété bourguignonne. Une belle petite église romane. Un cadre musical digne de cet événement : des copains jouent, entre autres, « la marche nuptiale » de WAGNER (je ne le détestais pas encore). Peu avant la cérémonie, les tantes m'attirent à l'écart, depuis « graisser la patte », je suis horriblement allergique à ce genre de situation !

L'air grave « Claude, tu as respecté la vertu de notre nièce, nous t'en serons, pour toujours, reconnaissantes. »

Elle est bien maligne, mon épouse.

Un Marc de Bourgogne 1872 restera inoubliable.

Ma femme est préservée de la longue marche que la plupart des instrumentistes poursuivent après leurs études : les nombreuses auditions exigées pour un engagement dans un orchestre. Peu après son premier prix, elle est auditionnée à Lausanne, et engagée dans l'orchestre de chambre de cette ville. Elle commencera fin août.

Avant cela, il faut trouver un studio qui sera son logis jusqu'à la fin de mon service militaire. La Suisse est le pays du chocolat et Lausanne une chocolatière. Tout est bien ordonné, bien soigné, bien sucré, même les tramways ressemblent à des pains d'épice. Son contrat est séduisant et dépasse, de loin, tout ce que l'on peut espérer à Paris. Avec l'aide de l'administration, nous trouvons un studio (une chocolatière avec vue sur les Alpes).

J'assiste aux premières répétitions, je fais la connaissance des membres de cet ensemble (Environ 40 musiciens). En France, seuls des Français composent nos orchestres. À Lausanne, les Suisses sont en minorité : des Tchèques, des Roumains, des Polonais, Espagnols, Américains, etc. constituent l'essentiel de cette formation. Je suis contraint de réviser certains préjugés : au conservatoire de Paris, nous sommes persuadés que notre institution est de loin la plus brillante, que nous, lauréats, sommes inégalables, brillantissimes.

Ici, les musiciens se moquent bien de savoir si l'on vient de Varsovie, Londres, Vienne, etc.

Il me faut quitter Lausanne, et rejoindre mon régiment.

Je suis rassuré de savoir ma douce épouse bien à l'abri dans ce bel orchestre et dans ce beau pays. Le premier septembre, dans la caserne de Rueil-Malmaison, nous sommes une centaine de troufions qui attendent de savoir où ils seront incorporés. Aucun de nous ne sait ce que le sort lui réserve. Seule certitude : les 28 mois obligatoires du service militaire.

Le sort habituel, 4 mois de « classe » en France, 24 en Algérie.

Les chanceux, 8 mois en Allemagne, le reste en Algérie.

Les grands veinards, 12 mois Berlin, 16 en Algérie. C'est en montant dans le train que nous connaîtrons notre lieu d'affectation. Un sergent ou adjudant s'approche de moi, me désigne un train : « Le voilà, ton train, dépêche-toi ! »

« Mais, ou va-t-il ? »

« À BERLIN ! »

Livre III

Chapitre 1

Petit mur deviendra grand

Un mur, c'est la première chose que je vois à Berlin.

Un mur qui entoure — devrais-je dire encercle ? — la caserne Napoléon (anciennement caserne Goering). « Encercle », ce terme semble bien approprié pour désigner un lieu où il est plus difficile d'en sortir que d'y entrer.

Une immense caserne (Goering voyait grand), des bâtiments d'habitation, des bureaux, une cantine, un terrain de sports, deux piscines, un restaurant, une salle de cinéma et, cela va de soi, une église ; il ne manque que le cimetière et le bordel.

Le premier jour : distribution d'uniformes, deux chaussures avec brosse et cirage. La cire à faire briller boutons de cuivre et autres objets métalliques. Cet uniforme doit résister jusqu'à mon départ pour l'Algérie. Je suis au « garde à vous » devant un supérieur. Il examine mon dossier. Études au conservatoire… Visiblement cela ne lui dit rien !

« Hum ! Enfin, c'est considéré comme "université" ; tu as donc la possibilité de suivre une formation "sous-officier". » Le dédain, bien lisible sur son visage, exprime clairement : « Tu n'es pas digne de cet honneur ! »

Je suis bien de son avis.

« Tu resteras soldat deuxième classe »

« Qu'est-ce qu'on t'a appris dans ce "conservatoire" ? »

Surtout, ne pas prononcer le mot « Alto ». C'est trop vague, trop compliqué.

« Je suis violoniste »

La logique décision militaire.

« Tu vas jouer du trombone à coulisse ! »

« Où est-ce que je vais apprendre ? »

« Tu te débrouilleras tout seul ! »

« Dans trois semaines, tu marches avec la "Musique du 46e régiment d'infanterie." »

Heureuse surprise, je craignais un immense dortoir avec 40 lits, je suis logé dans une chambre de 12 mètres carrés ; les meubles : une table, un lavabo, trois armoires métalliques, trois lits de camp, le tout pour trois troufions.

Les quatre premiers mois, « les classes », nous apprendrons à devenir de vrais soldats, c'est seulement après « ces classes » que nous seront accordées les permissions de sortie (samedi 16 h à 20 h).

Chapitre 2

Trois semaines après mon incorporation, comme prévu, affublé de mon trombone, je marche à la tête de la musique du 46e régiment d'infanterie.

Nous soufflons, vous n'aurez ni l'Alsace ni la Lorraine, j'insiste, nous ne chantons pas, nous soufflons, les paroles pourraient provoquer d'éventuels revanchards.

Notre répertoire militaire : « Berliner Luft », l'hymne berlinois. Et, cela va de soi, « la Marseillaise ». Ma technique rudimentaire suffit !

L'essentiel du temps d'un deuxième « classe » : courir, ramper, sauter, marcher, tirer au fusil, lancer de fausses grenades, éplucher des pommes de terre, là, j'étais moins maladroit.

Un ange veille sur moi.

Le capitaine-chef de musique est en fait un altiste qui a échoué dans ses études musicales, et qui trouve refuge dans la fanfare du 46e régiment d'infanterie. Il me prend sous son aile protectrice ; de plus, je suis le seul musicien vraiment professionnel au sein de cette fanfare composée d'amateurs, sauf, il faut honnêtement dire, un pianiste qui a fait des études musicales sérieuses, il est talentueux, mais il vivra mieux de ses fermages, prétend-il ! Avec l'aide du chef de Musique, je me fais envoyer mon instrument, son bureau est à ma disposition durant ses absences.

Jeudi, c'est le jour des manœuvres dans les dunes du nord de Berlin.

Je suis assis à l'intérieur d'un « Half-track "devant un poste radio-émetteur (un altiste-trombone est prédisposé pour ce poste). Au moindre contact de mes doigts, cet appareil se cabre et refuse d'émettre quoi que ce soit. Je n'y mets aucune mauvaise volonté ; nous ne nous comprenons pas. Après chaque sortie, il fait un séjour de trois ou quatre semaines à l'hôpital pour radio-émetteur. Après son retour dans mon « half-track », inévitablement, il rechute !

C'est le monsieur Sysiphe des radios-émetteurs. Ces jeudis deviennent mes dimanches. Je suis seul dans le bâtiment « Musique », mes gammes et études ne dérangent personne.

Un copain étudiant (École des Beaux-Arts) s'accroche à moi, sa vocation lui semble proche de la mienne. Son allergie à la vie militaire est tellement évidente, que les autorités médicales le déclarent inapte au service. Il traîne sa dépression dans la caserne, son seul refuge, le confort relatif de ma piaule.

En mars 1961, il obtient une permission d'une semaine.

Il ne reviendra jamais ; il déserte ! Je suis le premier surpris ! Pas une seule fois le mot « désertion » n'avait été prononcé au cours de nos conversations. Il fut repéré en Suisse. Mon domicile lausannois, notre amitié, me voilà soupçonné de complicité.

Je suis interrogé de longues heures, mon capitaine-chef de musique intervient en ma faveur.

Finalement, on me laisse tranquille ; une seule condamnation : 15 jours de taule !

Mes cheveux sont étroitement surveillés : encore plus courts ; 3 cm au-dessus des oreilles, aucun poil visible !

Chapitre 3

Après les « classes », l'étau se desserre, les permissions du samedi soir (16 heures à 22 heures) nous sont accordées, les troufions doivent sortir en uniforme ; cela ne me séduit pas ! Le soldat 2e « classe » perçoit 32 centimes par jour et 2 cartouches de cigarettes toutes les deux semaines. C'est à Bahnhof-Zoo que nous essayons à la sauvette, de vendre nos cigarettes et nous permettre une bière.

Un autre copain est lui photographe amateur ; de longues heures, nous cherchons les traces de la guerre (il en existe encore beaucoup) pour faire, dit-il, des photos « sinistres à souhait ».

Enfin, la voilà la permission tant désirée d'une semaine ; je dois la passer à Lausanne, les autorités militaires sont réticentes : la Suisse pourrait inciter à la désertion !

Mon ange gardien veille. « Le soldat Lelong est marié, rejoindre sa femme, où qu'elle soit, fait partie de ses droits. » Tout s'arrange, j'obtiens gain de cause. Je traîne avec moi l'odeur de la caserne, semble-t-il, cela sied mal à Lausanne, notre longue séparation n'arrange rien. Nous nous sommes éloignés, ils sont loin nos élans d'antan.

C'est sans grande tristesse que je retourne à Berlin.

Cet hiver berlinois est terrible, les températures baissent jusqu'à moins 15 degrés. Nous devons défiler, et souligner ainsi, notre présence oh combien rassurante !

Par cette température, coller les lèvres à l'embouchure d'un instrument à cuivre amène à une intervention chirurgicale afin de séparer lèvres et embouchure. Nous soufflons donc à distance respectueuse de l'instrument, émettons des grognements inaudibles, cela suffit pour ne pas être accusés de rébellion.

Dans les services administratifs du quartier Napoléon, de nombreux Berlinois sont employés ; l'un d'eux, violoniste amateur, fanatique de quatuors à cordes, très actif, se voue au moins une fois par semaine à sa passion.

Il entend parler de moi et obtient de mon chef « Aile protectrice » l'autorisation de me laisser sortir de la caserne. J'ai ainsi l'occasion de me joindre à son quatuor. Leur Dieu, c'est « BEETHOVEN » (j'approuve leur choix), mais ils ne devraient pas s'y frotter : trop difficile, c'est un massacre ! Chaque massacre trop audible est ponctué d'un verre de vin de Moselle. BEETHOVEN, paraît-il, aimait les vins de Moselle. Après chaque séance de quatuor, je rentre à la caserne, assez éméché. Maintenant encore, les quatuors de BEETHOVEN évoquent en moi les vins de Moselle.

Chapitre 4

Mon transfert en Algérie aura lieu septembre 1961, je commence à trop y penser. Je suis arrivé à Berlin avec l'espoir que ce conflit aurait pris fin avant mon départ pour l'Afrique du Nord. Cet espoir est anéanti, la guerre est devenue extrêmement impopulaire et de plus en plus violente. Je perds l'envie de sortir en ville... mon seul intérêt : aller vendre mes cigarettes et boire une bière.

Cette période grise est entrecoupée de quelques moments réjouissants. Un jour de printemps, cérémonie de passation de commandement, le nouveau colonel vient nous inspecter.

Réveil à 5 heures.

Cirage des chaussures. Brossage des uniformes. Vérification des coupes de cheveux (au-dessus des oreilles, 3 cm sans poils visibles). Boutons et instruments en cuivre, bien reluisants. À huit heures nous sommes fin prêts. Nous attendons, dans la cour d'honneur, raides et figés ; cette cour est entourée d'un mur (elle aussi) accessible par un large portail. Le colonel est attendu vers 10 heures.

Un soldat est posté de l'autre côté du mur, dès qu'il entendra le bruit du moteur de la voiture de notre nouveau commandant, il nous donnera le signal que nous attendons. Le bruit du moteur qu'il entend est celui de la poubelle municipale : dans sa précipitation, il nous fait le signe convenu, nous soufflons notre plus belle Marseillaise, la poubelle s'avance lentement vers nous, s'immobilise, se tient majestueusement sur ses quatre roues, dans un garde-à-vous impeccable.

Autre très joyeux petit incident. Notre Musique sert fréquemment de prélude à des événements sportifs.

Un certain samedi après-midi, avant un match de football important, nous devons faire une entrée solennelle sur le stade auquel nous accédons en sortant d'un tunnel. Notre sous-chef de musique nous précède : il est inculte et illettré, il représente pourtant la fierté de notre Musique, il est inégalable, par sa façon élégante de projeter, très haut, sa longue canne richement enrubannée avant qu'elle ne retombe dans sa main droite sans perturber la cadence de son pas.

Sous les applaudissements du public, nous pénétrons dans le stade, il lance sa canne, elle s'entremêle dans les câbles fixés au-dessus de la sortie du tunnel, elle ne retombe pas élégamment dans sa main droite, mais lamentablement sur ses talons. Les applaudissements se transforment en rires narquois !

Cet incident plongea notre sous-chef de musique dans un désarroi profond. Sa canne restera, pour toujours, lourde et maladroite.

Chapitre 5

L'après-Deuxième Guerre mondiale est marquée, en Allemagne, par deux événements : Le 13 août 1961, construction du « Mur », le 9 novembre 1989, sa destruction…

Le 13 août, en pleine nuit, réveil « alerte rouge ». Dans le cas d'une telle urgence, il faut d'abord, en priorité, brosser, cirer, plier, astiquer. « Fin prêts » nous attendons le vice-président des États–Unis en personne : Monsieur LYNDON JOHNSON, il vient nous inspecter, se rassurer, et constater la splendeur de notre régiment.

Les raisons de son inquiétude : des mouvements de troupes est-allemandes sont signalés aux diverses frontières RDA-RFA.

Dès que M. Johnson termine son inspection, toute la caserne se mobilise : nos chars (peu), nos half-tracks (beaucoup) se dirigent vers Reinickendorf, notre frontière la plus proche.

À peine sortis de la caserne mon poste radio-émetteur boude, il boudera toute la journée ; j'espère de lui un sursaut patriotique, en vain, notre brouille sera définitive. Je reste assis devant lui, il me bouche la vue, cela augmente mon anxiété.

Le conducteur et le canonnier, les deux autres occupants du véhicule, m'informent de tout ce qui se passe.

Le conducteur, la voix chevrotante : « Mon Dieu ! en face de nous, des centaines de chars, camions, blindés, leurs canons et fusils sont pointés vers nous !!! » Le canonnier : « Les chars russes datent de la dernière guerre, nos half-tracks de la première ! » (Il s'y connaît.)

Ceux d'en face sont immobiles ; par contre, ils semblent bien teigneux !

Devant eux, des soldats, innombrables et surexcités, déroulent, fixent, posent des kilomètres de barbelés, d'autres empilent des briques, les cimentent, on dirait qu'ils construisent un mur.

Ce mur ? doit-il, tout comme celui de notre caserne, empêcher les gens de sortir ? Veulent-ils entièrement encaserner leur pays ? Bon courage !

Le canonnier utilise ses jumelles : « Plus loin, des soldats condamnent des portes d'immeubles, emmurent des fenêtres. »

Dans mon dos, j'entends une foule grossir, une colère monter, mais la plupart des gens sont abasourdis.

Nous apprenons que tout Berlin est concerné, les Américains au centre, les Anglais au sud. Les heures passent, la nuit tombe, la situation se calme, mais reste tendue. Nous rentrons à la caserne, cette journée à Reinickendorf ne sera suivie d'aucune autre.

Les jours passent… par mesure de précaution, nous continuons à brosser, cirer, astiquer. Finalement, notre commandement prend une décision que nous saluons avec enthousiasme ! Cette nouvelle situation nous oblige à renforcer nos effectifs. Le contingent de septembre, destiné à rejoindre l'Algérie, restera en fonction à Berlin !

Mon ange gardien prend la forme d'un mur !

Peter Leibing « *Hans Conrad Schumann, soldat de la RDA passe en RFA juste avant la construction du mur de Berlin en août 1961* »

Chapitre 6

Maître ange, sur un mur perché…

La caserne « Quartier Napoléon » sera probablement jusqu'à mon retour à la vie civile, décembre 1962, le monde entouré d'un mur où je devrai cirer, astiquer, brosser, souffler. Il me faudra porter un uniforme, toujours le même, les rares permissions de sortie ne me libéreront pas de cette obligation. Il serait trop malsain de se laisser aller à l'ennui qui m'est promis pendant encore plus d'un an. Il faut trouver des failles au mur de cette caserne.

Mon ange y veille, le mur berlinois est déjà surnommé « le mur de la honte ». L'amateur violoniste, fan de Beethoven, habite un appartement proche de ce mur. Lui et ses complices supportent mal l'amputation de leur ville, ils sont inconsolables, leur tristesse est un peu atténuée par la certitude que je leur resterai fidèle jusqu'en décembre 1962.

Les temps musicaux deviennent plus courts, les bavardages plus longs, les bouteilles de Moselle plus nombreuses. Ils veulent m'introduire dans le monde musical berlinois. C'est là qu'intervient Günther.

Günther est invité à l'un de nos massacres beethovéniens, il se concentre sur une bière, feignant nous écouter ; il est violoncelliste, il approche la trentaine ; instrumentiste très brillant, il fait déjà partie de l'orchestre du « Deutche Oper Berlin » (Opéra allemand de Berlin). C'est à Paris qu'il a effectué ses études musicales, son français est respectable. Sa taille imposante, son visage carré, ses yeux gris clair au regard direct incitent à la confiance.

Il lui faut quelques bières (les vins de Moselle ne l'intéressent pas), pour décider de ce qu'il faut faire, il prend les choses en main !

« L'uniforme te gêne ?! Fais-toi envoyer tes vêtements civils chez moi ! Quand tu sortiras du quartier Napoléon, tu sonnes à ma porte, j'habite pas loin, tu te changes, on va se balader, j'ai du temps ! » Günther est simple et direct !

Je devine, il me préfère en uniforme, je suis plus exotique, il peut mieux m'exhiber, mais il comprend que j'ai peu de goût pour jouer le rôle de « mascotte ». Très vite, il m'introduit dans son cercle musical, tous jeunes, étudiants ou déjà membres d'un des grands orchestres berlinois, Opéra, Radio, Philharmonie.

Le coin un peu retiré du mur, enfin, je le trouve caché par des buissons et des arbustes, il me permettra en toute discrétion, sinon en toute quiétude, de m'évader quelques heures. À la caserne, c'est l'attente qui occupe l'essentiel de nos activités !

Attendre quoi ? La chute de ce mur pas encore achevé, mais déjà efficace ? Une révolte ? Nous n'y tenons pas, surtout ne pas nous mêler de leurs histoires !

C'est calme, nous nous ennuyons.

Des officiers, sous-officiers, souhaitent, pour échapper à la monotonie, un petit orchestre de danse.

Il est vite formé. Le pianiste aux fermages. Un saxophoniste, spécialiste de bals de campagne. Un trompettiste de Jazz méprisant les bals champêtres. Quant à moi, mon capitaine me procure un violon, je l'utiliserai pour les tangos valses, et paso doble, je soufflerai dans mon trombone pour les rumbas et cha-cha-cha, ma technique s'est améliorée.

Les clubs militaires anglais, américains, français nous engagent pour des soirées dansantes. À défaut d'être payés, nous mettons le nez dehors, partageons les repas des officiers et surtout leurs alcools.

Chapitre 7

Décembre 1961, ma semestrielle permission d'une semaine à Lausanne.

Notre mariage est devenu bien tiède, est-il possible qu'éloigné de la vie militaire, sans mon uniforme, je ne parvienne pas à échapper à la caserne ? Nous feignons d'ignorer la dégradation de nos rapports, plus, nous prévoyons mon retour définitif. Un an, c'est encore loin, cependant ma femme a reçu l'assurance que je serai invité à passer une audition en vue d'un engagement dans l'orchestre de Genève. Pourquoi pas Lausanne ? Aucune place ne sera disponible avant fin 1963. Dois-je l'avouer ? Instinctivement, la perspective de travailler tous les jours avec ma femme, dans un même orchestre, me met mal à l'aise…

Échanger une caserne militaire berlinoise contre une caserne musicale lausannoise !

Le beau lac Léman, la fondue, les raclettes, rien n'y fait, c'est d'un cœur léger que je rentre à Berlin.

Chapitre 8

Günther ne fait pas que m'introduire dans son cercle musical, fanatique de la bonne vieille bière berlinoise, servie dans la bonne vieille tradition, il me traîne un peu partout dans un Berlin qui m'était inconnu. Le contraste est frappant, entre l'aspect d'un Berlin, encore dévasté, qui se remet lentement des destructions de la guerre, et la vitalité du jeune et nombreux public, qui s'agite dans les rues, envahit bars, bistros et clubs de jazz !

Pourtant, nous sommes en pleine guerre froide, l'aviation russe rase fréquemment les toits des immeubles, le bruit est infernal, l'angoisse pesante ; cependant les étudiants, « une foule d'étudiants », se déplacent joyeusement, bruyamment, en toute insouciance.

Il faut que Berlin soit une ville séduisante, attractive, jeune, les étudiants allemands qui poursuivent leurs études à Berlin-Ouest sont exempts de service militaire. La vie culturelle est également privilégiée : théâtres, musées, sont généreusement subventionnés, les orchestres sont choyés et attirent les grands solistes, les grands chefs.

La chocolatière « Lausanne » devient fade ! Les collègues de Günther sont chaleureux, ils savent que je suis un des leurs, mon pedigree est sur ce sujet, assez éloquent ! Ils sont curieux, ils veulent en juger par eux-mêmes, ils ne me voient jamais avec mon instrument, d'abord je n'ai aucune raison de le sortir de la caserne, et surtout, sauter le mur en sa compagnie pourrait mal tourner et m'envoyer en taule (tarif : 15 jours). Ils trouvent des prétextes fallacieux pour en savoir plus : « Claude, je viens d'acheter un nouvel alto. Qu'est-ce que tu en penses ? Veux-tu l'essayer ? » Ou alors : « Un luthier a fixé un nouveau chevalet, le résultat, te semble-t-il bon ? » Je me prête volontiers à ce jeu, ils sont convaincus.

« Pourquoi ne restes-tu pas à Berlin ? Nous travaillons dans les meilleures conditions possibles ! »

« Je suis marié, nous habitons Lausanne, j'ai des projets pour Genève » Des arguments peu solides à leurs yeux !

Toujours grâce à Günther, j'assiste à des représentations d'Opéra, des répétitions d'orchestre, le niveau est impressionnant !

Mes nouveaux amis, fièrement : « Berlin est le paradis des musiciens »

« Günther ! tu m'invites toujours et partout, les bières, les Eissbein, etc., j'ai mauvaise conscience, mais que puis-je faire avec mes cigarettes et mes 32 centimes par jour ? »

« On en reparlera, mon petit doigt me dit que tu resteras à Berlin ! »

Chapitre 9

Avril 1962, j'attends Günther à la sortie d'un concert, il précède une jeune dame, il se tourne vers elle et ensuite vers moi. « Cette dame est professeur de français et d'anglais, elle veut bavarder avec toi et ainsi améliorer son français » Je ne peux pas me tromper.

C'est mon ANGE.

Tous réunis en cette dame !

L'ange de Rueil-Malmaison en septembre 1960. Celui du 13 août 1961, et tous les autres plus petits, plus modestes dans leurs missions. J'en suis certain.

Elle a la taille gracieuse des anges, les cheveux blonds et bouclés des anges, le visage angélique. Angéliques sont les yeux, le regard, le sourire.

Avant même la poignée de main polie, le « enchanté de faire votre connaissance, je m'appelle Claude, comment allez-vous ? » Je plongeais en elle, je la caressais, je l'embrassais, je l'enlaçais.

Son nom, HILDEGUND (plus tard, mes parents vont l'adorer, mais le nom Hildegund, trop exotique, trop difficile à prononcer, mon père le simplifiera en CUNÉGONDE !)

Absents, les marchandages du style « vous me rappelez quelqu'un que j'ai beaucoup aimé », ou alors, « Vous aimez Schubert ? Cela tombe bien, moi aussi ! »

Chapitre 10

Dès lors, la caserne m'emprisonne encore davantage, j'attends fiévreusement les sorties pour retrouver Hildegund. Après le cercle de Günther, celui de Hildegund. Des professeurs, médecins, chercheurs, etc. Tous la trentaine, déjà intégrés dans leurs professions. Hildegund est de 6 ans mon aînée ; jusqu'à son « Abitur » en 1950 environ, elle habitera avec sa mère à Goerlitz (ville mi-allemande, mi-polonaise), elle poursuivra ses études à Berlin-Est.

La RDA avait besoin d'économistes, elle refusa les études d'économie. Elle préférait les langues, elle quitta Berlin-Est pour Berlin-Ouest. En 1952, le passage d'un secteur à l'autre ne présentait encore aucun danger, prendre le métro avec une petite valise (petite, pour ne pas éveiller les soupçons) suffisait pour être libre !

Plus tard, sa mère la rejoindra.

Chapitre 11

Hildegund vivait alors avec sa mère dans un grand appartement, elles occupaient deux pièces, le reste étant habité par les propriétaires, un vieux couple ronchonneux détestant les pépiements des oiseaux, le miaulement des chats, les pleurs des bébés, bref, tout ce qui peut déranger un silence bientôt définitif. Quelquefois je les rencontrais, ils jetaient des regards peu amènes sur mon uniforme et mes oreilles bien dégagées (toujours aucun poil visible 3cm au-dessus).

Les regards de la maman de Hildegund, eux, étaient bienveillants, mais son voisinage freinait nos élans. Certains des amis de Hildegund libéraient, le temps d'un week-end, leur appartement et le mettaient à notre disposition.

Maintenant, c'était toujours Hildegund qui m'invitait ;
en ces 18 mois de caserne, ma solde restait la même :
32 centimes par jour et 2 cartouches de cigarettes tous
les demi-mois). J'avais honte.

Elle levait un de ses doigts angéliques et répondait par
un prévoyant « on verra plus tard » !

Nous sommes en mai-juin 1962.

Günther et moi, devant une bière, je lui confie :
« Dans quelques mois je quitte définitivement Berlin, je
retourne en Suisse, crois-moi, je n'en ai aucune envie,
et tu sais pourquoi ! » D'abord dubitatif, son regard
s'éclaire.

« Dans une semaine aura lieu une audition à l'opéra,
une place d'altiste est vacante, qu'en penses-tu ? »

« Mais, Günther, primo, passer un concours m'est

formellement interdit, secundo, sauter le mur en plein jour avec mon instrument, le risque de se faire prendre est énorme, et puis, tu me vois débarquer à l'opéra en uniforme ? Et, si par miracle, tout se passait bien, imagine les conflits avec ma femme ! »

Günther reprend son air dubitatif.

« Tu veux vraiment rester à Berlin ? C'est sûr ? »

Ma décision est prise ! Je passerai ce concours. Le capitaine, qui met, quand cela lui est possible, son bureau à ma disposition, permet presque quotidiennement mes exercices, gammes et études, je suis en forme ; par contre, le manque de compétitions peut-être un obstacle sérieux. « Günther, si tu ne me vois pas le jour du concours, c'est que je suis en taule ! »

Nous formulons, avec l'aide de Hildegund, un CV en langue allemande.

À la date et à l'heure prévues, je suis à l'Opéra, j'ai pu, sans encombre, sauter le mur. Mon uniforme et le vide au-dessus de mes oreilles me mettent mal à l'aise. En entrant dans la salle des auditions, deux surprises m'attendent.

L'ensemble de l'orchestre est présent et décidera du résultat de ce concours (en France, les jurys sont composés d'un petit nombre de personnes désignées par l'administration, d'où les rumeurs perpétuelles de manipulations). L'autre surprise : les éclats de rire qui m'accueillent : l'orchestre ne s'attendait pas à une apparition si militaire !

Je suis furieux, cette fois-ci, ce n'est pas la paralysie du « graissage de patte », c'est la colère du « vous allez voir ce que vous allez voir ». Des applaudissements spontanés saluent la fin de ma prestation (cette manifestation est rare, un jury ne doit rien exprimer avant l'issue d'un concours). Quelques heures d'attente puis, enfin, la décision unanime de l'orchestre.

Je prendrai mes fonctions en décembre 1962. Je serre beaucoup de mains, je reçois de nombreux sourires et compliments.

Günther est tout fier, c'est aussi un peu sa réussite ! J'ai hâte d'aller partager ce bonheur avec Hildegund.

Épilogue

Les anges ont terminé leur boulot, c'est à moi de me débrouiller, semble-t-il. En outre, et ils le savent, je suis entre de bonnes mains.

Je tiens à clarifier les choses. Jamais je n'ai graissé la main d'ange, quel qu'il soit. Au fil des années, découragés par mes errements, ils me laissent tomber ou presque, enfin, ils font le minimum de ce que l'on peut attendre d'anges consciencieux.

Vers 1995, je donne des cours dans une petite ville polonaise qui abrite une Académie internationale d'été. Cette ville insignifiante n'est représentée que par un minuscule point sur un plan détaillé de la Pologne.

L'arrivée d'une mignonne petite Japonaise dans ce coin perdu ressemble à un demi-miracle.

Je la questionne.

« Je suis altiste dans un orchestre japonais, j'ai l'intention de prendre une année de congé, de venir en Europe pour me perfectionner, un violoniste-chef d'orchestre m'a conseillé de vous contacter, je veux profiter de ce cours de dix jours en Pologne et juger moi-même ! »

Notre travail commun, sa motivation, ses facultés de réception me procurent beaucoup de plaisir. Je dois avouer, la regarder, effleurer légèrement ses mains afin de corriger certaines attitudes, savourer son jeu élégant : je suis séduit.

Les cours terminés, elle rentre chez elle, je ne sais si je la reverrai, mais ce que je sais déjà : elle me manque !

Un an plus tard, elle me fait savoir qu'elle s'installera à Berlin, y restera une année et suivra mes cours. C'est évident : elle est attirée par mon enseignement, pas par moi.

Il faut me croire, un ange a reçu l'ordre de prendre mes intérêts en main, probablement un ange haut gradé, la chose étant délicate et l'enjeu important, il ruse avec Misako, l'influence, la persuade que je suis un être sinon séduisant au moins acceptable : Il la dirige vers moi.

Le séjour de Misako à Berlin touche à sa fin. Nous nous déclarons. La traditionnelle déclaration d'amour ? Impossible, son allemand encore hésitant, ma maladresse probable face à une personnalité si différente de la mienne, pourrait tout détruire. Je m'exprime par un dessin primitif.

C'est clair, non ?

En forme de glossaire

Extrait de conversation :

« C'est parce que moi, je suis pauvre que toi, tu es riche »

Bien des années ont passé, ma carrière musicale s'est enrichie, je suis resté longtemps à Berlin, en tant que soliste dans l'orchestre de l'Opéra allemand de Berlin et enseignant à l'université des Arts.

Vers l'année 2000, concerts et enseignement me fixent au Japon environ une décennie puis je rentre à Paris pour y enseigner jusqu'à l'arrêt définitif de toute activité.

Toutes ces années, très haut au-dessus de moi, j'ai cru discerner une imperceptible activité angélique, discrète et indulgente malgré mes bêtises, erreurs, voire indélicatesses.

Les zigzags de ma carrière m'ont permis de côtoyer un grand nombre de chefs d'orchestre, ces mystérieuses créatures aiguisent la curiosité des musiciens d'orchestre.

Comment et pourquoi devenir chef d'orchestre

C'est avec un instrument que les musiciens, chefs compris, font leurs premiers pas, certains y ajoutent des études complémentaires : analyse musicale, composition et direction d'orchestre.

Des solistes de renom se dirigent vers la direction pour élargir leur horizon. D'autres solistes, sur le déclin, ne font plus illusion avec leur instrument, ils spéculent sur le silence de la « baguette ».

Il faut attendre le début du 20e pour que le « chef » devienne une Star. Jusque-là, son rôle se limitait à décider du tempo et battre la mesure.

La première Star, Hans von Bülow, doit sa renommée à ses interprétations remarquées des œuvres de Wagner, lequel le remercia en lui enlevant sa femme.

A priori, le musicien d'orchestre éprouve peu de sympathie envers le « chef » : être commandé par un « presque collègue », se courber sous des ordres souvent peu convaincants, confèrent à la « baguette » un pouvoir humiliant.

Légendes et autres

Les « très grands chefs »

Cette « Appellation » ne peut être décernée qu'à un postulant atteignant un âge de maturité non fixé, mais évalué : octogénaire.

C'est la naissance d'une légende.

Les « très grands » sont des mini-vampires, les vrais : eux se nourrissent du sang de leurs victimes, cela leur confère une vigueur surhumaine et une quasi-immortalité, les mini-vampires se nourrissent de la sueur des musiciens d'orchestre, l'influence sur la longévité de vie est limitée, nulle sur les facultés physiques et intellectuelles, au fil des années, les gestes de ces mini-vampires se réduisent au strict nécessaire, ils sont fréquemment illisibles.

Le répertoire des « très grands » se concentre sur les romantiques : Bruckner, Brahms, certains Wagner (« Parsifal », « Tristan et Isolde »).

La baguette devenue « molle » de ces « très grands » produit quelquefois des résultats surprenants, les musiciens s'expriment sans contrainte, librement, les mélomanes puristes y voient la communion totale « Œuvre-orchestre ». Malheureusement, cette mollesse peut être cause de « dérapages », l'orchestre sauve les meubles ; en cas de « dérapage » trop audible, l'Auditeur (il ne vient au concert que pour jouir du « très grand ») prend inconditionnellement parti pour son idole, conspue l'orchestre avec véhémence ; les critiques écriront : un orchestre mal disposé, incapable de suivre les intentions géniales du « très grand ».

Les non-octogénaires, grands ou autres, dépendent, pour diriger les œuvres du 20ᵉ siècle ou contemporaines, d'une technique claire, d'une baguette réactive nécessaire à la maîtrise des rythmes subtils, des continuels changements de tempo.

Le répertoire lyrique (surtout italien) impose au chef une vigilance sans relâche, les caprices rythmiques de Prima donna aboutissent à de belles divergences, la coordination scène-orchestre est en grand péril, les chefs et musiciens sauvent la face ; s'ils n'y parviennent pas, ils seront sifflés, conspués ; contrairement au public symphonique, le public lyrique protège ses idoles vocales, ses voix divines.

Jean–Jacques Sempé (2009). « L'ORQUESTRA » [dessin], dans

http://ferranbardolet.blogspot.com/2009/06/lorquestra-sempe.html

Le pouvoir des chefs

« Le chef SYMPA »

Il est cordial, patient, clair dans sa conception et dans sa direction ; même s'il ne convainc pas tous les membres de l'orchestre, il sera bien accueilli.

« Le chef MÉPRISANT »

Le dédain est lisible dans toutes ses attitudes, décourageant pour tous les musiciens qui se réfugient alors dans la passivité. Ce mépris cache en vérité l'angoisse du chef face à un orchestre.

Un chef m'avoua, sous la pression de quelques verres de vin : « En répétition, je m'identifie à un dompteur dans sa cage, confronté à ses fauves ». Dieu merci, la « baguette ne mord pas ! »

« Le chef KAPELMEISTER »

La tradition germano-romantique, la technique de baguette est secondaire, ces chefs brassent la musique, soulignent les grandes lignes par leurs gestes, embrassent œuvres et musiciens.

« Le chef INVISIBLE »

Après un concert, conversation de deux musiciens.

"Qu'est-ce que tu penses du chef de ce soir ?"

"Il n'était pas dérangeant !"

On peut interpréter ce commentaire comme compliment.

« Le chef DICTATEUR »

Ces trente dernières années, de nouvelles lois du travail tempèrent l'ardeur des "dictateurs" ; auparavant, il n'était pas rare qu'un de ceux-ci, durant une répétition, pointe un doigt accusateur en direction d'un musicien du rang (musiciens discrets au sein de leur groupe) et l'oblige à jouer sa partition, seul, devant ses collègues. Ce harcèlement n'est plus toléré.

Et pourtant, en 2018, la presse berlinoise révèle des divergences (méfaits ?) entre un orchestre et son célèbre chef.

« *Le chef ÉCLAIRÉ* »

Il commence ainsi la répétition : « Messieurs, je connais cette œuvre, vous la connaissez également, alors, à demain ! » Il suscite l'admiration parmi nous, nous l'aimons.

Je veux m'expliquer quant aux "messieurs" et "ils". Avant les années 80, seuls les grands orchestres berlinois et viennois s'opposaient à l'intrusion de la "femme" dans leurs orchestres. Elles font des gosses, sont toujours absentes et sèment la discorde parmi nos mâles !

C'est en 1982 que sera engagée, pour la première fois, une femme dans les rangs de la Philharmonie Berlin.

Révoltes et rébellions

« Si vous continuez sur ce ton, nous jouons comme vous dirigez ! » Menace prononcée à voix basse et jamais réalisée. Le musicien d'orchestre ne tient pas à se tirer une balle dans le pied ! Je l'ai déjà évoqué, la baguette n'émet aucun son ; en outre, il sera condamné par le public et la critique. Cependant, le récit d'une révolte m'est parvenu, je vous le conte.

Quelques minutes avant le début du concert, sur la scène, on peut remarquer une certaine agitation : les musiciens, en ordre dispersé, se dirigent vers leurs sièges et pupitres, les cordes peaufinent discrètement les endroits délicats, les vents et cuivres chauffent leurs instruments, seul le siège du *Konzermeister [1] reste inoccupé, il entre sur la scène, rejoint sa place, reste debout et pointe un doigt en direction du hautboïste, lequel donne le "LA", tout le monde est assis, attend le chef d'orchestre dans le plus grand silence (un chef doit se faire attendre.)

Ce jour-là, un jeune "très grand" (début octogénaire) entre en scène, trottine, pour montrer qu'il a bon pied bon œil, vers son estrade, salue l'orchestre, fait face au public afin de le remercier de ses applaudissements ; alors qu'il tourne le dos aux musiciens, ceux-ci, sous

---

[1] Titre décerné au premier violoniste, premier soliste, il occupe le pupitre posé immédiatement à la gauche du chef. Son rôle : jouer les soli, décider du fonctionnement technique des deux groupes de violons. Il est responsable des relations chef-orchestre).

l'impulsion du Konzermeister, commencent à jouer le programme annoncé.

Plus fréquentes sont les révoltes qui ont pour théâtre opéras ou scènes lyriques : jamais provoquées par les chefs ou les orchestres, elles le sont par les employés qui travaillent derrière les rideaux, dans les coulisses ; ce sont ces personnes qui ont le plus à souffrir des humeurs et caprices des Prima donna. Voici la relation d'une de ces révoltes. Dans les mises en scène traditionnelles de la "Tosca" de Puccini, l'héroïne, La Tosca », se jette du haut des tours du château « San Angelo » : elle est accueillie environ 1 m plus bas, sur une toile tendue et tenue par des employés ; ce jour-là, assoiffés de vengeance, au lieu de la déposer doucement sur le sol, ils retendent violemment la toile et renvoient la dame d'où elle vient, et ce, à plusieurs reprises, devant un public enthousiaste et hilare.

Superstitions.

L'opéra « la Force du destin » de VERDI possède une longue liste de malédictions. Lors d'une représentation de cette œuvre, le chef s'enfonça la baguette dans un œil ; à la vue de cet œil sanglant, pendant sur une joue du chef, un violoniste perdit connaissance.

Je relate cet accident à un autre chef.

« Cet opéra est maudit depuis sa création en 1862, nous n'osons pas prononcer son nom, nous l'appelons "un certain opéra".

Ce même accident se répéta durant la représentation d'un opéra de MOZART : la maladresse du chef, » un très grand », et non une malédiction, en fut la cause.

Après l'évacuation de la victime, orchestre et scène décidèrent de poursuivre la représentation, et ce, avec grand succès. Ulcéré par ce crime de « lèse-chef », le

« très grand » envoya une missive à l'orchestre : « Vous n'aurez plus jamais le privilège de jouer sous ma direction ! »

Traduction de l'orchestre : nous n'aurons plus jamais le devoir de jouer sous votre direction !

Je dois vous quitter, il me faut préparer ma dernière audition : accéder à l'orchestre du PARADIS (le paradis aussi a besoin de bonne musique).

L'existence de cet orchestre m'a été confirmée ; de plus, j'ai pu obtenir quelques renseignements.

Le Konzertmeister n'est autre que NICCOLO PAGANINI ; l'atmosphère au sein de cet orchestre est paisible, les musiciens y sont engagés pour une éternité, ils sont peu enclins aux conflits et intrigues.

Le Chef, le BON DIEU en personne, lui aussi paisible et paternel, a cependant une manie : il se prend pour HERBERT VON KARAJAN…